NOTICE

SUR

LOUIS-PHILIPPE IER,

ROI DES FRANÇAIS,

Par M. J.-H. SCHNITZLER,

Directeur de l'Encyclopédie des Gens du Monde.

PARIS

TREUTTEL ET WÜRTZ, LIBRAIRES-ÉDITEURS,

RUE DE LILLE, 17.

1842

LOUIS-PHILIPPE Iᵉʳ, roi des Français, est né à Paris, le 6 octobre 1773, de Louis-Philippe-Joseph, duc d'Orléans (*voy.**), et de Louise-Marie-Adélaïde de Penthièvre. Son premier titre fut celui de duc de Valois qu'il porta jusqu'à l'âge de 12 ans; mais après la mort de son aïeul, en 1785, le duc de Chartres, son père, ayant pris le titre de duc d'Orléans, le sien échut à l'aîné de ses fils. A peine âgé de trois ans, celui-ci avait reçu, suivant un usage de l'ancienne monarchie, les provisions de gouverneur du Poitou. Son éducation fut d'abord confiée au chevalier de Bonnard, officier d'artillerie fort lettré et fort estimable, mais qui refusa les fonctions de sous-gouverneur, lorsque, par un caprice bizarre, celles de *gouverneur* furent confiées à Mᵐᵉ de Genlis (*voy.*), déjà gouvernante de Mˡˡᵉ Adélaïde (*voy.*). Le système d'éducation adopté par cette femme célèbre si sévèrement traité de nos jours**, tenait de l'époque où elle vivait : il en avait sans doute les défauts aussi bien que tous les avantages. Remarquable par l'esprit nouveau qui l'animait, cette éducation paraît avoir eu une influence profonde sur les destinées futures de ses élèves qui con-

---

(*) L'*Encyclopédie des Gens du Monde* contient déjà un article sur toutes les branches de la famille des Bourbons et des notices sur tous les princes de cette maison, qu'ils aient ou non porté la couronne. Ces notices ont pour auteurs MM. de Sismondi, Michelet, Villenave, Am. Renée, Dufau, Vieillard, etc. D'autres ont été consacrés à Mᵐᵉ Adélaïde, à M. le prince de Joinville, au roi Léopold. Enfin les volumes suivants en contiendront sur la maison d'Orléans dans son ensemble, sur M. le duc d'Orléans, prince royal, sur M. le duc de Nemours, sur feu Mᵐᵉ la duchesse de Würtemberg, etc., etc. Enfin par les mots (*voy.*), on renvoie à un grand nombre d'autres articles.

(**) *Voir* sa notice dans le Supplément de la *Biographie universelle.*

servèrent un grand attachement pour celle à qui ils la devaient. Mᵐᵉ de Genlis elle-même s'est félicitée publiquement, relativement à l'aîné, « de lui avoir fait apprendre dès l'enfance les principales langues modernes; de l'avoir accoutumé à se servir seul, à mépriser toute espèce de mollesse, à coucher habituellement sur un lit de bois recouvert d'une simple natte de sparterie, à braver le soleil, la pluie, le froid, à s'accoutumer à la fatigue en faisant journellement de violents exercices et 4 ou 5 lieues avec des semelles de plomb, à ses promenades ordinaires; enfin de lui avoir donné de l'instruction et le goût des voyages. » Mᵐᵉ de Genlis ne fait pas mention des sentiments religieux, de la poésie du cœur; mais de son temps on n'attachait pas beaucoup de prix à ces qualités, et elle-même eût peut-être été moins habile qu'un autre à les développer. Le jeune duc de Chartres, plein d'heureuses dispositions, fit des progrès rapides, mais sans laisser pressentir pourtant les qualités éminentes qu'il développa dans la suite. Certes, Mᵐᵉ de Genlis n'était rien moins que prophète, quand elle écrivait à son élève, le 8 mars 1796 : « Vous avez de l'instruction, des lumières et mille vertus; chaque état demande des qualités particulières, et vous n'avez point celles qui font les grands rois. »

Vers l'âge de quinze ans, il fit de petits voyages à Spa, pour accompagner aux eaux ses parents, à Givet où était le 14ᵉ régiment de dragons (Chartres) dont il avait été nommé colonel en 1785, et en Normandie, où la prison du mont Saint-Michel excita en lui un intérêt tout philanthropique.

Les principes dont il avait été nourri étaient d'autant plus libéraux que Mᵐᵉ de

Genlis aimait peu la reine et la cour qui l'environnait : le jeune prince embrassa les idées de la révolution avec enthousiasme ; dès le commencement de 1790, il se montra sous l'uniforme de la garde nationale, et l'échec même qu'il essuya comme candidat au grade de commandant du bataillon de Saint-Roch, n'ébranla pas ses sentiments de patriote. Le 1er novembre de la même année, il fut reçu membre du club des Amis de la constitution à Paris ; rien ne présageait alors la désastreuse influence que cette association était destinée à exercer bientôt sous un autre nom.

Les lumières que le duc de Chartres montrait dès le début de sa carrière n'étaient pas sa seule recommandation : l'élève de Mme de Genlis justifia en même temps l'éloge qu'elle a fait de ses vertus. En 1791, il était allé à Vendôme prendre le commandement de son régiment, lorsque éclata, le jour de la Fête-Dieu, un mouvement populaire contre deux prêtres non assermentés. Malgré la fureur du peuple qui voulait les pendre, le prince les prit sous sa protection et les arracha à une mort certaine. Peu de temps après, il sauva la vie à un ingénieur qui, en se baignant dans le Loir, avait disparu sous l'onde, où une main généreuse vint le saisir. La municipalité de Vendôme consigna ces faits dans un procès-verbal, dont elle remit au prince un extrait en guise de couronne civique.

De Vendôme, le jeune colonel de dragons conduisit, en août 1791, son régiment à Valenciennes, où il passa l'hiver, chargé du commandement de cette place, qui lui avait été déféré comme au plus ancien de son grade. La déclaration de guerre faite à l'Autriche vint alors le tirer de cette existence, jusque-là paisible, pour le livrer pendant longtemps à toutes les vicissitudes du sort. Il avait à peine dix-huit ans lorsqu'il entra en campagne sous les ordres du général Biron, et les combats de Quiévrain et de Boussu (avril 1792) lui offrirent les premières occasions de signaler sa valeur. Après sa promotion au grade de maréchal-de-camp, le 7 mai 1792, il commanda une brigade de cavalerie, et entra dans Courtrai avec l'avant-garde du général Luckner.

Cependant les Prussiens, sous les ordres du duc de Brunswic, avançaient vers la frontière de la France. L'armée du Nord fut alors divisée en deux corps : on confia l'un à Dumouriez (*voy.*) ; l'autre, placé d'abord sous les ordres du général d'Harville, bientôt remplacé par d'Aboville, fut ensuite remis à Kellermann (*voy.*), qui le conduisit à la victoire. Au mois de septembre, Dumouriez, posté dans les passages de l'Argonne (*voy.*), l'appela à son secours : Kellermann partit, et signala ses opérations par la fameuse canonnade de Valmy (20 sept.), qui releva les espérances de la France. Chargé de la défense d'une hauteur couronnée par un moulin, le duc de Chartres, lieutenant général depuis le 7 septembre, prit une part glorieuse à ce premier succès des républicains.

Il passa dans l'armée de Dumouriez, et commanda d'abord la seconde colonne qui se portait sur la Flandre ; mais sa division faisait partie du centre de l'armée, lorsque, le 6 novembre, fut livrée la mémorable bataille de Jemmapes. Dans l'article que nous avons déjà consacré à cette journée, on a vu qu'accueillis par un feu meurtrier et par une charge de cavalerie dans leur marche vers les hauteurs dont ils devaient déloger les Autrichiens, ses soldats avaient été saisis d'une terreur panique : maître de lui, dans ce péril extrême, le prince les arrête, les harangue, et ne pouvant empêcher la fuite du plus grand nombre, rallie au moins un bataillon qu'il conduit à l'ennemi. Les redoutes autrichiennes sont enlevées à la baïonnette, et la victoire des Français est complète. Ils entrent successivement à Bruxelles, à Louvain, à Liége : la Belgique entière leur est ouverte.

Le prince, disions-nous tout à l'heure... mais déjà ce titre avait disparu sous les ruines de la royauté, et en perdant toutes les prérogatives de son rang, le jeune *Égalité* (c'est ainsi qu'on appelait à 20 ans celui que la Providence préparait par de rudes épreuves à devenir un jour le roi de la démocratie française) n'en resta pas moins en butte à toutes les défiances que ce rang, désormais si peu digne d'envie, inspirait encore aux tribuns présents aux armées.

La proscription avait commencé pour sa famille. Sa sœur, Mlle de Chartres, était allée avec Mme de Genlis visiter l'Angleterre, et y avait prolongé son séjour du mois d'octobre 1791 au mois de novembre 1792. Lorsqu'elles revinrent, elles furent regardées comme des émigrées, et menacées d'emprisonnement. Ce fut comme une faveur que l'ancien duc d'Orléans obtint qu'elles fussent renvoyées hors des frontières, dans la Belgique occupée par les armées de la république. Il leur fut enjoint de quitter Paris dans les quarante-huit heures. Le prince alla chercher sa sœur, et la conduisit à Tournay, puis à Saint-Amand. Mais il apprit bientôt que ses parents et lui étaient enveloppés dans le décret que la Convention nationale venait de rendre contre toute la famille des Bourbons ; cependant son père espérait encore faire révoquer ce décret en ce qui les concernait. En effet, le jeune prince put reparaître à l'armée ; mais alors c'était l'époque des revers, et l'issue malheureuse de la bataille de Neerwinden (18 mars 1793), où il commandait au centre, força les républicains à évacuer la Belgique.

« Mon couleur de rose est à présent bien passé, écrivait-il à son père, en date du 30 mars, et il est changé dans le noir le plus profond. Je vois la liberté perdue ; je vois la Convention nationale perdre tout-à-fait la France par l'oubli de tous les principes ; je vois la guerre civile allumée ; je vois des armées innombrables fondre de tous côtés sur notre malheureuse patrie, et je ne vois pas d'armée à leur opposer. »

On a dit qu'à cette époque Dumouriez, brouillé avec la Convention, méditait le renversement de la république, pour établir sur ses ruines une monarchie constitutionnelle en faveur du brave jeune prince qu'il comptait parmi ses généraux. Il est possible que ce projet ait été formé ; mais rien ne prouve que le duc de Chartres s'y soit associé, ou seulement qu'il en ait eu connaissance. Néanmoins, le décret de proscription rendu contre Dumouriez l'atteignit aussi, et, pour échapper à une arrestation qui l'eût

sûrement mené à l'échafaud, il fut obligé de lier momentanément son sort à celui de son chef. Il alla chercher sa sœur dans le village qu'elle habitait près de Saint-Amand, la fit conduire aux avant-postes autrichiens, et rejoignit ensuite Dumouriez, avec lequel il quitta l'armée. Le 6 avril, il obtint à Mons des passe-ports pour rejoindre Mlle de Chartres, qui, accompagnée de Mme de Genlis, se rendait en Suisse. Les offres des Autrichiens ne purent le retenir : il repoussa l'idée de servir contre son pays, et aima mieux le fuir que de le combattre.

Cet exil involontaire, et qui dura plus de vingt années, commença pour le duc de Chartres une longue période de pérégrinations merveilleusement propres à achever de le mûrir par l'expérience, à donner à son caractère une trempe de plus en plus forte, et qui, vraisemblablement, développèrent en lui ces talents supérieurs auxquels, depuis douze ans, toute l'Europe rend hommage. En le suivant pas à pas dans ces voyages, dont on assure qu'il a lui-même fixé les souvenirs dans des Mémoires qui ne sont peut-être pas destinés à voir le jour, on ferait un livre du plus haut intérêt ; mais cette tâche serait sans doute au-dessus de nos forces, et d'ailleurs le défaut d'espace ne permet ici que de brièves indications.

A l'article ADÉLAÏDE, un académicien célèbre a déjà signalé les difficultés qui attendaient le prince en Suisse, où il alla rejoindre sa sœur chérie. A Zurich, à Zug, les magistrats n'eurent pas le courage de prendre sous leur protection ces nobles exilés, et le duc de Chartres ne tarda pas à reconnaître que pour assurer à la princesse un asile sûr, il était nécessaire qu'il s'en séparât. Grâce à l'intervention du général de Montesquiou, autre exilé qui avait établi son séjour à Bremgarten (canton d'Argovie), elle put entrer avec sa gouvernante dans le couvent de Sainte-Claire de cette ville ; moins heureux, le duc de Chartres erra dans les montagnes, accompagné seulement d'un fidèle domestique, sans pouvoir se fixer nulle part. Enfin, le même général lui parla d'une place de professeur de géographie et de mathématiques au collége de Reichenau, petite ville des Grisons. Pour être admis, il fallait subir un examen : sans hésiter il se présente ; il est reçu. Il passe six à huit mois dans cette place, caché sous le faux nom de *Chabaud-Latour* *, et se fait estimer non-seulement par les maîtres et les élèves, mais aussi par la population qui veut lui déférer son mandat à l'assemblée de Coire. Ce fut pendant ce séjour à Reichenau qu'il reçut la nouvelle de la mort du duc d'Orléans, son père, tombé sous la hache révolutionnaire, le 6 novembre 1793. Nous ignorons quel motif lui fit quitter cet asile ; mais il retourna à Bremgarten, où il demeura quelque temps auprès du général de Montesquiou, qui le faisait passer pour son aide-de-camp, sous le nom de *Corby*. La république avait confisqué les biens d'Orléans : non-seulement le nouveau chef de cette maison se vit bientôt lui-même à bout de ressources, mais sa sœur, Mlle Adélaïde, se vit obligée de s'adresser à la princesse de Conti, retirée dans un couvent de Fribourg. Sa tante l'envoya chercher ; mais Mlle d'Orléans dut alors se séparer de Mme de Genlis. Elle suivit la princesse de Conti en Bavière, et plus tard à Figuières, en Espagne, où elle fut rendue enfin à la protection maternelle.

Libre de ce côté, le duc d'Orléans, accompagné du comte G. de Montjoye, son aide-de-camp, partit pour Hambourg, où son intention paraît avoir été de s'embarquer pour l'Amérique. Mais peut-être avait-il besoin de s'assurer d'abord des ressources : il attendit donc, et, dans l'intervalle, il visita le Danemark, la Suède, la Norvège, poussant ses explorations jusqu'au cap Nord, où il arriva le 14 août 1795, et jusqu'aux frontières de la Finlande suédoise du côté de la Russie.

Ce fut en traversant les îles d'Aland qu'il revint à Stockholm, d'où il fit de nouvelles excursions. De retour à Hambourg, il reçut une lettre de sa mère qui le détermina à exécuter son premier projet, et à s'éloigner encore davantage d'une patrie que rien ne lui faisait oublier.

Le 9 thermidor, en délivrant la France de Robespierre et de ses autres tyrans, avait mis fin au régime de la terreur : les membres de la famille des Bourbons restés captifs en France furent alors traités avec moins de dureté, et la duchesse douairière d'Orléans, jusque-là enfermée dans une maison de santé près de Paris, fut rendue à la liberté, promise aussi à ses deux plus jeunes fils, le duc de Montpensier * et le comte de Beaujolais, auxquels on avait donné pour prison le fort Saint-Jean à Marseille. Mais le Directoire paraît y avoir mis la condition que l'aîné des princes d'Orléans quitterait l'Europe. Elle écrivit donc à ce dernier qui s'empressa d'obéir. « Quand ma tendre mère recevra cette lettre, répondit-il, ses ordres seront exécutés, et je serai parti pour l'Amérique... Je ne crois plus que le bonheur soit perdu pour moi sans ressource, puisque j'ai encore un moyen d'adoucir les maux d'une mère si chérie,... Je crois rêver quand je pense que sous peu j'embrasserai mes frères et que je serai réuni à eux... Ce n'est pas que je me plaigne de ma destinée, et je n'ai que trop bien senti combien elle pouvait être plus affreuse. Je ne la croirai même pas malheureuse, si, après avoir retrouvé mes frères, j'apprends que notre mère chérie est aussi bien qu'elle peut l'être, et si j'ai pu encore une fois servir ma patrie en contribuant à sa tranquillité, et par conséquent à son bonheur. Il n'y a pas de sacrifices qui m'aient coûté pour elle, et, *tant que je vivrai, il n'y en a point que je ne sois prêt à lui faire.* » Un passeport français paraît avoir accompagné la lettre de sa mère ; le prince s'embarqua le 24 septembre 1796, et arriva le 21 octobre à Philadelphie.

Le 24 juin 1797, le Conseil des Cinq-Cents et celui des Anciens décrétèrent la levée du séquestre apposé sur les propriétés de la maison d'Orléans ; mais le 5 sept. suivant, on ordonna l'expulsion du territoire français de tous les membres de la famille des Bourbons qui y étaient restés. Alors la duchesse d'Or-

---

(*) On avait dit sous celui de *Chabos* ; mais dans une notice dont l'auteur était en position d'être parfaitement informé, on assure que le certificat de bons et utiles services délivrés au prince en sortant du collège de Reichenau porte ce nom de *Chabaud-Latour*, qui était celui d'un gentilhomme protestant, depuis député (1815) et l'un des propriétaires du *Journal des Débats*.

(*) On connaît les Mémoires de ce jeune prince intitulés : *Ma captivité de quarante-trois mois*.

léans fut déportée en Espagne, et une modeste somme de 100,000 fr. lui fut allouée en échange des immenses revenus de ses biens. Elle résida d'abord à Barcelone; puis, de 1800 à 1809, à Figuières, où nous avons dit qu'elle revit sa fille. Sans doute elle avait pu mettre à la disposition de son fils, quand il partit pour l'Amérique, quelques fruits de ses épargnes.

Ce fut un grand bonheur pour ce dernier quand, en février 1797, il se trouva réuni avec ses deux frères. Nous ne les suivrons pas dans leurs voyages à travers les États-Unis, de Baltimore en Virginie où ils rendirent visite à Washington, puis au Niagara, chez les Chérokis et d'autres peuplades indiennes; enfin sur l'Ohio, sur le Mississipi et à la Nouvelle-Orléans; nous ne parlerons pas des tribulations qui les attendaient de rechef à la Havane de la part d'un gouvernement qui semblait leur devoir, au contraire, une protection efficace, de leur départ pour la Nouvelle-Écosse, puis de là pour l'Angleterre où ils débarquèrent à Falmouth, en février 1800.

A Londres, ils virent Monsieur, comte d'Artois, et d'autres princes de la famille royale. Le duc d'Orléans écrivit à Louis XVIII, qui tenait encore sa petite cour à Mitau : la communauté d'infortune réconcilia tous ces exilés.

Cependant le duc d'Orléans, séparé de sa mère depuis plus de sept ans, était pressé de la revoir. Un navire anglais le porta sur la côte de la Catalogne, sans réussir à le débarquer. Le malheur poursuivait cette noble famille : l'Espagne était alors en guerre avec l'Angleterre; on se défiait d'une visite qui aurait lieu sous les auspices britanniques, et la tendresse maternelle de la duchesse douairière fut trompée dans son espérance d'embrasser enfin son cher fils.

Il fallut retourner à Londres, et les trois princes s'établirent à peu de distance de cette capitale dans le village de Twikenham où ils passèrent sept années. Mais le bonheur de leur intimité fut troublé, en 1807, par la mort du duc de Montpensier qui succomba à une maladie de poitrine; pour surcroît de douleur, le comte de Beaujolais en était aussi atta-

qué, et, quoique le duc d'Orléans ne perdît pas un instant pour le conduire à Malte, sous un climat plus doux, on ne put le sauver.

Resté seul des trois frères, le duc d'Orléans se hâta de quitter Malte. Il résolut de visiter l'Etna, et débarqua à Messine, où il dut écrire à Ferdinand IV pour l'informer de son arrivée dans ses états. La réponse fut une invitation de se rendre à Palerme, où ce roi dépouillé de la moitié de son royaume tenait sa cour. On accueillit noblement ce prince français, renommé par la part qu'il avait prise aux premières victoires des armées de la république et par ses voyages lointains, d'un côté jusqu'au cap Nord, de l'autre, jusqu'à l'équateur. Il plut à la reine Marie-Caroline (voy.) * qui résolut de l'unir à sa seconde fille, Marie-Amélie, née le 26 avril 1782, dont les charmes et les vertus avaient fait sur lui une vive impression.

Mais de nouvelles épreuves qu'il eut à subir retardèrent la conclusion de ce mariage. A la demande du roi de Sicile, le duc d'Orléans accompagna son second fils, Léopold, duc de Salerne, sur les côtes d'Espagne, où l'on voulait essayer de soutenir la cause de la famille des Bourbons contre Joseph-Napoléon, repoussé par la majorité de la population. Les deux princes se rendirent à Gibraltar; mais l'ombrageuse Angleterre, qui tyrannisait le roi Ferdinand IV dans son île, ne tint pas plus de compte de ses volontés relativement à l'Espagne, et ne permit pas cette intervention. Le duc de Salerne fut retenu à Gibraltar, et le duc d'Orléans transféré à Londres (septembre 1808), où tout ce qu'il obtint fut d'être reconduit dans la Méditerranée, mais en évitant de toucher à l'Espagne. Il allait s'embarquer à Portsmouth, lorsqu'il fut rejoint par Mlle d'Orléans. Leur mère, expulsée de son asile de Figuières par l'approche des Français (juin 1808), avait voulu mettre sa fille sous la protection du chef de leur famille qu'elle croyait encore à Malte. A son arrivée dans cette île, Mlle d'Orléans, ayant appris son

(*) L'article CAROLINE avait besoin d'un correctif : on le trouve dans celui de Ferdinand IV, voy. T. X, p. 675.

voyage à Gibraltar, l'y avait suivi, mais elle y était arrivée trop tard. Enfin, après quatorze ans de séparation, cette sœur chérie lui fut rendue à Portsmouth, pour ne plus le quitter que par courts intervalles. Ils s'embarquèrent ensemble pour Palerme, où Marie-Amélie reçut à bras ouverts la sœur de celui qu'elle aimait.

Le mariage fut arrêté; mais au bonheur des jeunes amants manquait la bénédiction d'une mère. Ne pouvant lui-même pénétrer en Espagne, le duc d'Orléans, en passant à peu de distance de ses côtes, y avait détaché le chevalier de Broval, qui depuis son enfance avait été près de sa personne. Conduite par cet ami éprouvé, la duchesse douairière arriva au Port-Mahon. Aussitôt ses enfants quittent Palerme, volent dans ses bras, et bientôt toute la famille d'Orléans, pour la première fois depuis seize ans, se trouve réunie auprès de la famille royale de Sicile. Alors l'union si désirée put s'accomplir : le 25 novembre 1809, elle fut bénie par la religion. La compagne qu'elle donna au duc d'Orléans n'était pas destinée seulement à être son soutien et sa consolation dans les mauvais jours qui l'attendaient encore, mais à perpétuer sa race par une belle et nombreuse famille, et, bien plus, à servir de modèle à toutes les mères françaises, à être la providence des malheureux, à faire descendre du plus haut rang l'exemple de toutes les vertus.

Les jeunes époux avaient à peine joui, pendant quelques mois, du bonheur de cette existence nouvelle, qu'une invitation de la junte de Séville décida le prince à retourner en Espagne. On espérait que sa présence dans la Catalogne, à la tête d'une armée, suffirait non-seulement pour soulever cette province contre la domination étrangère, mais encore pour susciter des embarras à Napoléon dans le midi de la France, qu'on supposait prêt à se soulever en faveur des Bourbons. Parti de Palerme, sur une frégate espagnole, le 21 mai 1810, il arrive à Tarragone : quelle est sa surprise en apprenant qu'aucun ordre n'était arrivé, qu'aucune force armée n'était prête à se ranger sous son commandement! Il se remet en mer aussitôt, et se rend à Cadix, où la junte s'était réfugiée. Mais les circonstances étant devenues plus critiques, et les cortès ayant été convoquées, on n'osait plus donner suite au projet, d'ailleurs suspect à l'Angleterre, pour l'exécution duquel le prince avait été appelé; on le paya de vaines défaites. Blessé de ces procédés, il ne voulut point se laisser éconduire : il attendit la réunion des cortès. Le 30 septembre, il se présente dans le local de l'assemblée, demandant à être entendu. Il n'est point admis à la séance; mais une députation est nommée pour conférer avec lui et le décider à s'éloigner, tout en lui témoignant les plus grands égards, ainsi que l'estime due à ses talents et à sa valeur. Il fallut céder : le prince se rembarqua le 3 octobre pour la Sicile, où la duchesse d'Orléans venait de lui donner son premier fils. *Voy.* ORLÉANS (*duc d'*).

Bientôt sa mère le quitta pour retourner à Mahon : on sait que cette vertueuse princesse rentra depuis en France, et qu'elle est morte à Ivry-sur-Seine, en 1821.

A Palerme, la position du duc d'Orléans n'était pas sans embarras pendant la lutte du parti de la reine Marie-Caroline avec le parti anglais, soutenu par le roi, qui résigna bientôt son autorité entre les mains de son fils aîné; l'espace nous manque pour nous y arrêter, nous nous contenterons de dire que la prudence du prince, sa réserve et son tact sûr, ne se démentirent pas un instant au milieu de ces difficultés.

La nouvelle de la restauration du trône des Bourbons en France vint heureusement l'en tirer. Aussitôt il part pour Paris, se met aux ordres du roi, et Louis XVIII, en date du 15 mai 1814, le nomme colonel général des hussards. Au bout de quelques semaines, il retourne à Palerme, prend congé de la famille royale sicilienne, emmène toute la sienne, agrandie de deux autres enfants, et jouit enfin du bonheur de s'installer dans la brillante demeure de ses pères, si riche pour lui de souvenirs. *Voy.* PALAIS-ROYAL.

Louis XVIII (*voy.*), qui n'aimait pas son parent, le tint toujours à une certaine distance de lui : on affectait même aux Tuileries de rendre plus d'honneurs à sa femme, altesse royale en sa qualité de fille de roi, qu'au prince lui-même, qualifié seulement de sérénissime. Mais le duc d'Orléans ne se souvint pas de ces petites chicanes lorsque de nouveaux malheurs assaillirent la maison de Bourbon à la suite du débarquement de Cannes (*voy.* Cent-Jours) : il se déclara prêt à partager avec le roi la mauvaise comme la bonne fortune. Chargé de se rendre à Lyon pour y seconder les opérations de Monsieur, comte d'Artois, il ne put rien faire pour arrêter la marche triomphale de l'empereur, et revint à Paris au bout d'une semaine. Après avoir assisté à la séance royale de l'ouverture des Chambres (16 mars 1815), et juré solennellement, avec tous les princes, fidélité au roi et à la charte constitutionnelle, il fut envoyé à la frontière du Nord pour y prendre le commandement. Déjà il avait fait partir pour l'Angleterre sa femme et ses enfants ; mais sa sœur ne voulut pas le quitter : elle le suivit à Lille. On sait que la rapidité des événements déjoua tous les efforts, que le roi se retira précipitamment au-delà de la frontière, et que le prince dut le suivre ; mais les instructions qu'il donna, le 20 mars, à tous ceux qui exerçaient un commandement sous ses ordres, et la lettre d'adieu qu'il écrivit au maréchal Mortier, duc de Trévise, son ancien compagnon d'armes à l'armée de la république, sont restées comme des monuments de ses sentiments patriotiques et généreux. Il quitta Lille le 24 mars, et rejoignit sa famille à Londres.

Cette seconde période d'exil ne fut pas longue, comme on sait : dès la fin de juillet 1815, le duc d'Orléans fut de retour à Paris, s'occupant à faire lever le séquestre que le gouvernement impérial avait mis sur le Palais-Royal. L'éloignement que Louis XVIII avait pour lui, loin de s'affaiblir, était devenu encore plus fort dans l'intervalle, le nom du premier prince du sang ayant été prononcé dans le débat sur la question de savoir à qui la couronne serait définitivement déférée. Il déplut aussi par la modération ferme avec laquelle il se prononça contre les mesures réactionnaires que les partisans de la dynastie des Bourbons conseillaient alors de toutes

parts. Une ordonnance royale avait permis aux princes de siéger à la Chambre des pairs : le duc d'Orléans en profita pour combattre un paragraphe de l'adresse dans lequel on recommandait les droits de la justice, que la clémence ne devait pas affaiblir, et l'épuration des administrations publiques. « Laissons au roi, dit-il, le soin de prendre constitutionnellement les précautions nécessaires au maintien de l'ordre public, et ne formons point de demande dont la malveillance ferait peut-être des armes pour troubler la tranquillité de l'état. » Ce langage excita les clameurs des fanatiques de cette époque, et ce n'est pas de cela que le roi philosophe pouvait être touché ; mais comme en même temps il concilia à celui qui l'avait tenu les suffrages de tous les modérés et commença la grande popularité dont il ne tarda pas à être environné, il ne servit point à les rapprocher l'un de l'autre, bien qu'il secondât les vues du gouvernement.

Dans cet état de choses, la prudence conseilla au duc d'Orléans de s'éloigner ; il avait d'ailleurs laissé sa famille à Twikenham, et la duchesse était de nouveau enceinte. Il partit le 23 octobre 1815 ; le 28 mars 1816, sa famille s'augmenta d'un cinquième rejeton ; mais la princesse née à Twikenham ne vécut malheureusement que deux ans. C'était le dernier enfant de l'exil : tous les suivants, dont un seul, le duc de Penthièvre, n'est plus en vie, sont nés soit à Paris, soit à Neuilly. Nous aurons à parler de tous à l'article de la *famille d'*Orléans ; rappelons seulement ici que, parmi les aînés, une mort prématurée et à jamais regrettable a enlevé la princesse Marie, duchesse de Würtemberg (*voy.* ce nom cher aux arts).

Lorsque l'ordonnance du 5 septembre 1816 eut donné gain de cause aux opinions sagement progressives du duc d'Orléans, il vint s'établir dans sa patrie, où dès lors il jouit noblement de la grande existence que lui faisaient encore les débris de sa fortune colossale, augmentée, quelques années après, de la part qu'il eut au milliard de l'indemnité. On sait que le Palais-Royal, achevé, purifié, embelli par ses soins, devint le rendez-vous d'une société brillante où le talent et les services rendus au pays donnaient facilement accès et où les vrais patriotes se consolaient de ne pouvoir faire acte ailleurs de leur attachement à une famille dont la constitution avait sanctionné les droits et qu'ils n'eussent pas séparée de la patrie, dans leurs sentiments, si elle ne s'était mise elle même hors la loi en voulant se placer au-dessus d'elle. On sait en outre que le premier prince du sang ne voulut pas que ses fils fussent autrement élevés que ceux de tous les Français. Le duc de Chartres fut envoyé au collége royal de Henri IV; et il en fut de même plus tard pour tous ses frères. Cette éducation nationale, en même temps qu'elle flattait le peuple dans son sentiment d'égalité, eut une heureuse influence sur le caractère des jeunes princes, et développa en eux les brillantes qualités qui les distinguent.

On entendit souvent parler, sous la Restauration, du *parti d'Orléans*, et nous ne doutons pas qu'il n'ait existé, car tous les mécontents avaient les yeux tournés vers le prince; mais, de lui, comme de son père, on a dit avec raison qu'il n'était pas de son parti. Soumis à l'ordre établi, il respectait les droits du souverain, même quand il n'approuvait pas le mode suivant lequel ils étaient exercés. Depuis le mariage de sa nièce, princesse des Deux-Siciles, avec le duc de Berry (*voy.*), et depuis l'avénement de Charles X (*voy.*) au trône, il s'était d'ailleurs beaucoup rapproché de la branche aînée de sa famille. La qualité d'altesse royale, qui lui revenait naturellement, ne lui était plus refusée, et la famille tout entière était réunie chez lui, pour fêter le roi de Naples, le jour (31 mai 1830) où l'on a dit prophétiquement de cette assemblée si brillante et si joyeuse, qu'elle dansait sur un volcan.

L'éruption ne se fit pas longtemps attendre.

Nous avons raconté en détail à l'art. Juillet (*révolution de*) comment elle fut préparée et de quelles circonstances elle s'accompagna. Tout le monde s'attendait à un coup d'état (*voy.* Polignac); mais, comme tout le monde, le duc d'Orléans ignorait quels étaient, à cet égard, les projets du gouvernement. Dans la lutte sanglante qui marqua les trois glorieuses journées des 27, 28 et 29 juillet, il était comme oublié; on ne se souvint pas même de lui à Saint-Cloud pour prendre les précautions que son importance politique eût peut-être justifiées. A Paris, son nom ne fut pas prononcé tant que dura le combat; mais quand le divorce avec la branche aînée parut consommé, la réunion des députés n'hésita pas à le mettre en avant dans sa séance du vendredi 30 juillet, séance qu'elle transféra au palais de la Chambre pour donner plus de solennité à sa délibération.

Le lecteur se reportera, pour la suite des événements, à l'article déjà cité : tout ce que nous devons ajouter ici, c'est que le prince lui-même ne se montra pas avant le 31, sans doute pour ôter à la malveillance tout prétexte de l'accuser d'avoir contribué, par des intrigues, à la chute de Charles X. Mais, ce jour-là, il n'y avait plus à hésiter, sous peine de plonger le pays dans une anarchie dont personne au monde ne pouvait calculer les conséquences. Bien qu'il comprît parfaitement l'énorme responsabilité qu'il assumait sur lui, il revint à Paris avec toute sa famille, et répondit à l'appel des députés qui lui déférèrent les fonctions de lieutenant général du royaume. Les Chambres furent régulièrement convoquées par lui en cette qualité, et ouvertes le 3 août. Le trône fut déclaré vacant; et dès que la Charte de 1814 eut été modifiée, les représentants de la nation y appelèrent le prince, à condition qu'il jurerait fidélité au nouveau pacte social dont ils venaient d'arrêter les articles, et auquel la Chambre des pairs déclara donner aussi son adhésion. Les deux Chambres se réunirent (le 9 août) en une séance royale pour recevoir de lui ce serment, qu'il prêta à haute voix, avec franchise et effusion; serment dont aucun acte de son règne déjà long n'est venu mettre en question la sincérité. Il sauva la monarchie en en acceptant l'héritage, et prit alors, comme roi des Français, le nom de Louis-Philippe Ier.

Avant qu'il quittât Neuilly, dans la nuit du 30 au 31 juillet, Mme Adélaïde lui avait attaché un ruban tricolore à la boutonnière : par cet acte significatif, le prince déclarait accepter les principes de la révolution de 1789, et rendait hommage à la souveraineté nationale. Aussi son avénement fut-il en même temps celui de la classe moyenne qui se substitua dans les affaires aux anciennes classes privilégiées ; une nouvelle ère s'ouvrit pour la France, une ère de démocratie royale, si l'on peut s'exprimer ainsi, d'une démocratie qui, se défiant elle-même de la versatilité et de la turbulence propre à ce régime, prenait son point d'appui dans la monarchie, principe d'ordre et de stabilité. La Charte étant désormais une vérité et le gouvernement parlementaire pris au sérieux, chacun des trois pouvoirs de l'état devait exercer librement son action sans empiétement d'aucun d'eux sur les droits des autres.

Un pareil système politique, appliqué à la nation la plus vive, la plus expansive de l'Europe, avait de quoi effrayer les puissances étrangères dont tous les efforts tendaient à maintenir chez elles le *statu quo*. Mais Louis-Philippe se hâta de les rassurer sur l'observation des traités existants. Le prince de Talleyrand, nommé ambassadeur à Londres, fut le symbole vivant de cette détermination, attestée en outre par beaucoup d'autres actes et par la nomination de M. Molé (*voy.*) au ministère des affaires étrangères. De fortes préventions s'élevèrent en quelques lieux et se firent jour entre autres dans la réponse d'un souverain du Nord * à la lettre de notification envoyée par Louis-Philippe ; mais tous les cabinets, à l'imitation de celui de Londres, reconnurent presque immédiatement le nouveau roi des Français, et, dès le premier jour de l'an 1831, le corps diplomatique tout entier lui adressa ses vœux à ce titre.

Dans l'intérieur aussi, il fallut toute sa sagesse, toute sa persévérance, pour faire face aux exigences dont était assailli de toutes parts ce *roi des barricades*. La révolution de juillet avait jeté une grande exaltation dans les esprits ; les réformes obtenues étaient loin de satisfaire les meneurs du parti libéral qui ne voulaient pas perdre une occasion si favorable de

(*) *Voir l'Annuaire* de Lesur pour 1830, Appendice, p. 176.

consommer l'œuvre de la révolution en appelant aux droits politiques tous les citoyens aptes ou non à les exercer, et en faisant émaner de l'élection tous les pouvoirs quelconques. Dans l'intérêt même de la liberté et pour ne pas compromettre le progrès en le précipitant outre mesure, il fallut résister à ces élans, réprimer cette effervescence et défendre des institutions qui, pour être anciennes, n'avaient point perdu leur utilité.

Bien plus, le contre-coup de la révolution se fit sentir dans toute l'Europe : la Belgique brisa le lien qui l'unissait au royaume des Pays-Bas ; la Pologne proclama son indépendance ; l'Italie renversa, sur plusieurs points, les formes surannées de gouvernement qui s'opposaient chez elle à toute espèce de progrès ; même la pacifique Allemagne s'agita en tous sens, des révoltes éclatèrent, et les droits jusque-là méconnus furent hautement revendiqués. Ces événements augmentèrent l'enthousiasme populaire : le parti du mouvement manifesta ses sympathies par de bruyantes démonstrations, organisa la propagande, et poussa le gouvernement à soutenir partout les efforts des peuples en faveur de la liberté.

Suivre ces conseils, céder à ce débordement, c'était se mettre aux prises avec l'Europe entière, ruiner nos finances, arrêter l'essor de nos arts, fomenter les convulsions intérieures, se jeter dans tous les hasards et exposer encore une fois, dans une lutte inégale, nos libertés si chèrement achetées.

Fort de ses intentions et comptant sur le bon sens de la nation, le roi résista ; s'appuyant sur les majorités parlementaires, malheureusement trop flottantes à cette époque, et sur la grande masse des hommes intéressés à la conservation de l'ordre et de la paix, il se tint à égale distance des partis extrêmes et ne quitta pas la ligne de la prudence et de la modération. Il y perdit sa popularité ; le parti exalté, les héros de juillet, les associations, la presse ne tardèrent pas à se livrer contre lui aux plus violentes attaques, et les plus turbulents parmi les légitimistes (*voy.*), prompts à envenimer le mal, prêtaient leur appui à tous ces mécontents. Mais secondé par des ministres éclairés et courageux, en tête desquels s'illustra, par sa fermeté, Casimir Périer, qui devint le martyr de cette cause (*voy.* en outre MOLÉ, BROGLIE, GUIZOT, GÉRARD, SOULT, SÉBASTIANI, MONTALIVET, PERSIL, LOUIS, HUMANN, THIERS, etc.), le roi opposa aux exigences des partis son système du *juste-milieu* (*voy.*), qu'on nomma aussi système *de la résistance*, par opposition au système du *mouvement* qui voulait tout précipiter, le nivellement social à l'intérieur, l'affranchissement des peuples au dehors.

Autant la résistance fut énergique et habile, autant les partis qui la combattaient montrèrent d'opiniâtreté et d'acharnement. Les clubs venaient d'être fermés, et, quoique bien servis par la presse, les hommes du mouvement reconnurent bientôt que ce moyen ne suffirait pas pour leur assurer la victoire : descendant dans les rues de nos villes, ils appelèrent à leur secours la force ouverte. Dès le mois de décembre 1830, lors du procès des ex-ministres de Charles X (*voy.* POLIGNAC, etc. , et aussi l'art. LA FAYETTE), l'émeute avait essayé de faire violence à la Cour des pairs; la garde nationale (*voy.*) de Paris et de la banlieue avait eu une peine infinie à en triompher. Dans le Midi, la tranquillité était gravement compromise, et, dans l'ouest, la Vendée, excitée par la présence de Mme la duchesse de Berry (*voy.*), était en feu. Bientôt les *journées* se succédèrent. Celle du 14 février 1831 (*voy.* LAFFITTE) préluda par le sac de l'archevêché à celles des 5 et 6 juin 1832, dont les funérailles du général Lamarque (*voy.*) devinrent l'occasion, insurrection formidable qui fit mettre la capitale en état de siége et qui semblait justifier par la nécessité ce moyen presque extra-légal. Les journées d'avril 1834 à Lyon, plus terribles encore, mais d'un caractère plus social que politique, eurent un sinistre retentissement dans tout le royaume, et furent suivies à Paris, dans le même mois, des scènes affreuses du quartier Saint-Merry et de la rue Transnonain.

Cependant la fermeté du roi et de son gouvernement, l'attitude forte et calme de la garde nationale triomphèrent de l'anarchie et rétablirent l'ordre dans les cités. Mais les passions déchaînées ne s'apaisèrent point aussitôt : poussés au désespoir par le peu de sympathie qu'ils rencontraient de la part de la bourgeoisie, les anarchistes ne reculèrent point devant le plus lâche des moyens, l'assassinat. Le 28 juillet 1835, une machine infernale (*voy.* FIESCHI) fit explosion sur le passage du roi, atteignit le noble maréchal Mortier (*voy.*), et tua en outre ou blessa un grand nombre de personnes placées près du monarque que la Providence semblait couvrir de son bouclier. Au mois de novembre 1832, un coup de pistolet avait déjà été tiré sur lui, le jour de l'ouverture des Chambres : depuis 1835, ces horribles attentats, qui sont en même temps un sanglant outrage à notre civilisation, se renouvelèrent périodiquement; mais Dieu préserva le roi des balles meurtrières d'Alibaud (25 juin 1836), de Meunier (27 décembre 1836), de Darmès (15 octobre 1840), et consorts, comme il l'avait soustrait aux effets de la machine infernale de Fieschi, Pepin et Morey; il protégea de même les jours des princes, fils du roi, lorsqu'ils devinrent à leur tour le point de mire d'un assassin*. Enfin, l'échauffourée de Strasbourg, du 30 octobre 1836, l'émeute du 12 mai 1839, dirigée par Barbès, Blanqui et autres, la seconde tentative de Louis-Napoléon (*voy.*) à Boulogne-sur-Mer, le 6 août 1840, et diverses conspirations échouèrent également.

Tant et de si cruelles épreuves ne lassèrent point la constance du roi, secondé alors par une majorité décidée dans les Chambres et sûr de l'assentiment de la garde nationale. Au plus fort des émeutes, Louis-Philippe se montra partout où sa présence pouvait être utile, et tous ses moments appartenaient aux affaires de l'état. Confiant dans la vertu des lois, il se contenta d'imprimer à leur action toute l'énergie que les circonstances exigeaient, sans plus jamais recourir à des moyens exceptionnels ou extrêmes. Mais ne laissant point aigrir son cœur, il était toujours prêt à la clémence au moindre signe de repentir de la part des coupables : il re-

____

(*) Quénisset, attentat du 13 septembre 1841.

fusa d'appliquer la peine de mort à des crimes purement politiques, et devança par des actes partiels le jour de la réconciliation générale qu'il offrit généreusement par l'amnistie du 8 mai 1837, lorsque les passions n'étaient pas encore apaisées et que l'orage grondait encore au loin.

Au reste, la résistance de Louis-Philippe était dirigée, non pas contre les améliorations en général, mais contre l'esprit révolutionnaire qui tendait à tout mettre en feu. Les lois complémentaires de la Charte et promises par elle, les lois d'élection, d'organisation de la garde nationale, de l'application du jury aux délits politiques, du vote annuel du contingent de l'armée, les lois départementale et municipale, celles sur l'état des officiers de terre et de mer, enfin et surtout les lois sur l'instruction publique, furent successivement proposées et adoptées par les Chambres. Celle sur la responsabilité des ministres, mise à l'étude à différentes reprises, est la seule qui fasse exception; mais, appliquée dans le procès des derniers ministres de Charles X, elle existe de fait. Nos codes furent révisés, les peines adoucies (*voy.* BARTHE), les formalités simplifiées; la réforme des prisons préparée; l'émancipation des noirs étudiée et confiée à un avenir prochain.

Nous avons confondu dans cette rapide énumération un des actes les plus décisifs du règne de Louis-Philippe, celui qui consacre à jamais le triomphe de la démocratie et qui doit rendre la dignité inséparable de l'exercice des prérogatives politiques. Nous voulons parler de la grande et mémorable loi du 28 juin 1833, sur l'instruction primaire, qui renferme en elle la meilleure garantie de toutes nos libertés. Cette loi n'a pas seulement pour but de donner au tiers-état les lumières qui lui manquent encore, elle tend aussi surtout à moraliser les classes inférieures et à augmenter leur bien-être. Seule elle suffirait à la gloire de ce règne.

La prospérité publique a dû au roi de notables accroissements : l'industrie et le commerce ont été puissamment encouragés; de grands travaux publics, de beaux monuments ont été entrepris ou achevés, et le réseau de chemins de fer dont la France va être dotée, en rapprochant entre eux tous les départements et en mettant en valeur tous les produits, ajoutera dans une forte mesure à ses richesses, en même temps qu'il resserrera par un nouveau lien cette unité nationale, fruit de la centralisation (*voy.*), qui est le principal élément de la puissance publique.

Les sciences et les lettres fleurissent aussi sous la protection de Louis-Philippe; beaucoup de nouvelles chaires et plusieurs facultés académiques ont été créées, de grands travaux littéraires noblement encouragés, des voyages de découvertes entrepris, et indépendamment de l'arc de triomphe de la barrière de l'Étoile, de l'église de la Magdelaine, enfin achevés, de la colonne de juillet et de l'obélisque de Luxor élevés dans Paris, le Musée historique de Versailles (*voy.*) restera comme un monument de la sollicitude du roi pour les beaux-arts, aussi bien que de la hauteur de ses vues et de la rectitude de son jugement.

Quant à l'attitude de la France envers le dehors, la nomination du vainqueur de Toulouse (*voy.* SOULT) au ministère de la guerre lui donna ce caractère de force et de dignité nationale dont elle avait besoin vis-à-vis de tant de cabinets qui se défiaient de ce gouvernement nouveau-né d'une révolution. Aucun intérêt d'honneur, de sécurité, de puissance n'a été véritablement sacrifié au désir de rester en paix avec l'Europe. La conquête de l'Algérie a été poursuivie, et cette contrée africaine a été déclarée irrévocablement française. Louis-Philippe a refusé la couronne de la Belgique pour le duc de Nemours, son fils, mais il a lié à la France, par des nœuds étroits (*voy.* LÉOPOLD), ce nouveau royaume en faveur duquel, au premier cri de détresse, une armée a franchi nos frontières (*voy.* ANVERS, CHASSÉ, GÉRARD et ORLÉANS). Pour s'assurer contre les suites de l'invasion des légations romaines par une armée autrichienne, on s'est emparé d'Ancône (*voy.*), ville pontificale, par un coup de main. Une quadruple alliance qui nous unit intimement à l'Angleterre, a favorisé la régénération de l'Espagne et du Portugal et a protégé ces pays contre des prétendants qu'ils repoussent. L'honneur du pavillon français a été vigoureusement soutenu à Lisbonne (*voy*. Roussin), à Haïti (*voy*.), au Mexique (*voy*.), à Buénos-Ayres ; et si la diplomatie française a essuyé un rude échec lors de la conclusion du fameux traité du 15 juillet 1840 par lequel quatre puissances prétendaient régler, sans notre participation, l'importante question d'Orient, elle s'est depuis relevée au moyen d'un autre traité (13 juillet 1841) attestant que l'exclusion de la France des grandes transactions politiques exclut aussi toute idée de stabilité. L'abandon de l'alliance anglaise, conséquence naturelle du mauvais procédé dont le gouvernement britannique avait payé notre longue déférence, était un acte de dignité que la nation se devait à elle-même et qui ne pouvait plus préjudicier à ses intérêts. C'est à la Belgique et à l'Espagne que se rapportent, parmi ces derniers, ceux qui pourraient forcer la France à tirer l'épée : le roi veille à ces intérêts et saura leur sacrifier, au besoin, même la paix du monde dont on lui doit, après Dieu, la conservation.

Tels sont, en résumé, les principaux traits du règne de Louis-Philippe pendant les douze années si pleines, si agitées, qui se sont déjà écoulées depuis son avénement au trône. Le jour de la justice semble enfin venu pour lui en France, comme partout en Europe : tout le monde reconnaît à la fin, avec un illustre ministre, sir Robert Peel [*], que s'il exerce une si haute influence sur les destinées de son pays, « c'est moins parce qu'il en est le monarque et qu'il a les attributs de la royauté, que parce que, grâces à la réunion d'un si grand cœur, d'une si grande énergie, d'une si grande expérience, d'une si grande sagesse, il sera placé dans l'estime de la postérité en France, au-dessous seulement du grand Napoléon. » Il a d'ailleurs à jamais associé son nom à celui de l'empereur en faisant ramener ses cendres de la terre d'exil où elles étaient restées (*voy*. Joinville), et en présidant lui-même à la solennité nationale par laquelle le pays tout entier inaugura ce tombeau sur les rives de la Seine, qui lui était refusé depuis vingt ans.

(*) Chambre des communes, séance du 11 mars 1839.

AVIS DES ÉDITEURS.

L'*Encyclopédie des Gens du Monde* publiée par la Librairie Treuttel et Würtz, à Paris, rue de Lille, n° 17, formera environ 20 tomes grand in-8°, divisés chacun en deux vol. de 400 pages. Les 32 premiers volumes sont en vente; il en paraît quatre ou cinq tous les ans. Parmi les 300 collaborateurs, dont les volumes publiés offrent déjà les articles, l'on se borne à citer les suivants: MM. Andral, Artaud, Balbi, Berville, le baron de Berzélius, de Candolle, Capefigue, Champollion, Cuvier, Daunou, Depping, Dumas (Mathieu), Dumont-d'Urville, Dupin aîné, le baron d'Eckstein, Esquirol, de Féletz, Fétis, Ganilh, le baron de Gérando, de Golbéry, Guigniaut, Guillon (l'évêque), Hase, Hennequin, Hittorff, Jules Janin, Jomard, Jouffroy, de Jouy, Klaproth, de Labouderie (l'abbé), Leclerc (Victor), Matter, Michelet, Morawski (Théodore), Naudet, Orfila, Constant Prévost, Ratier, Reicha, Rossi, Royer-Collard, le vicomte de Santarem, Schlosser (à Heidelberg), Schnitzler, de Sismondi, Tommaseo, Vieillard, le comte Henri de Viel-Castel, Villemain, Villenave, le baron Walckenaër, etc., etc.

Cet ouvrage est destiné à mettre la science à la portée d'un plus grand nombre de personnes et à fournir à la vie sociale les renseignements et les matériaux dont elle a besoin. Il se distingue de tous les autres du même genre par l'universalité de son caractère autant que de son contenu. Car non-seulement il embrasse tout ce qu'il est généralement utile de savoir, non-seulement il abrége la science tout entière, il s'élève aussi dans l'appréciation des hommes et des choses au-dessus d'une étroite nationalité; il ne se renferme pas exclusivement dans tel système religieux, politique, philosophique, au préjudice de tous les autres : il fait comprendre que des situations diverses peuvent être bonnes en elles-mêmes, quelque différentes qu'elles soient de celles où nous nous trouvons en France; enfin il s'enrichit des travaux de l'étranger comme de ceux des savants français, et il emprunte à toutes les langues les matériaux de toute nature que réclame l'inépuisable variété de ses articles.

Chacun de ces derniers étant signé du nom de son auteur, ils présentent ainsi une garantie individuelle, en outre de la responsabilité que les éditeurs ont prise sur eux. On pourrait en citer un très grand nombre, dans les volumes déjà publiés, qui méritent encore d'être consultés après les ouvrages spéciaux sur la matière dont ils traitent. Tous se rattachent d'ailleurs au même plan, et des principes uniformes leur servent de base.

C'est avec confiance que les éditeurs de l'*Encyclopédie des Gens du Monde* soumettent leur ouvrage à l'appréciation des juges compétents; ils ne redoutent aucune comparaison, et ils osent croire qu'un examen attentif justifierait à tous égards la faveur avec laquelle le public a accueilli cette vaste entreprise, ainsi que les éloges que lui ont déjà décernés les journaux de tous les pays.

IMPRIMERIE DE E. DUVERGER,
Rue de Verneuil, n. 4.